AF357119

NOTICE BIOGRAPHIQUE

SUR

LE COLONEL DU GÉNIE PETIT,

BLESSÉ MORTELLEMENT DEVANT ZAATCHA

PAR

ARMAND MARQUISET,

ANCIEN SOUS-PRÉFET.

MEMBRE CORRESPONDANT DE L'ACADÉMIE DE BESANÇON, ETC.

BESANÇON,

IMPRIMERIE ET LIBRAIRIE DE VEUVE CH. DEIS.

—

1850.

NOTICE BIOGRAPHIQUE

sur

LE COLONEL DU GÉNIE PETIT.

Rendons d'abord un patriotique hommage à cet admirable héroïsme des légions françaises, qui, tout absorbées qu'elles sont par leurs travaux guerriers, ne s'occupent de nos discordes que pour en gémir, et poursuivent sans relâche, au travers de fatigues inouïes et de périls sans cesse renaissants, cette brillante conquête de la terre Algérienne. Leur tâche si noble, si généreuse, sera bientôt achevée, et bientôt encore la mère-patrie pourra classer dans ses annales, une France nouvelle, une France africaine, aux départements riches et populeux.

La guerre que notre armée soutient avec tant d'ardeur, n'a pas, il est vrai, les proportions gigantesques des guerres de la République et de l'Empire, mais elle a cependant ses dangers et sa gloire. Le théâtre, pour être plus restreint, n'en fait rejaillir sur nos armes, ni moins d'honneur ni moins d'éclat. Ainsi, par exemple, la prise du village de Zaatcha, dernier refuge sans doute d'une résistance inutile, est un épisode digne des plus grandes époques de nos fastes militaires. Quatre-vingts officiers, neuf cents sous-officiers et soldats tués ou blessés, sont le prix douloureux de cette sanglante conquête. Parmi les morts se trouve le colonel du génie PETIT, officier d'une haute distinction, blessé dès le second jour de l'attaque, et dont la perte sera vivement sentie par le corps savant auquel il appartenait.

Issu d'une des familles le plus justement aimées et considérées de notre ancienne province, PETIT (Mathieu), est né le 20 juin 1798, à Queutrey, département de la Haute-Saône.

Son père, vieillard de 83 ans, qui a vu périr déjà un de ses fils, écrasé sous les éclats d'une machine à vapeur, n'a supporté qu'avec une douloureuse résignation, le nouveau coup dont il vient d'être frappé.

Mathieu était un enfant vif, pétulant, à l'air mutin, à l'allure décidée et se faisant remarquer cependant par ses habitudes studieuses, son amour de l'ordre et la docilité de son caractère. Entré à l'École polytechnique le 1er octobre 1818, et à l'École de Metz le 1er octobre 1820, il en sortit en 1822, le second de la promotion du génie. C'était un élève soumis, laborieux et plein de zèle. Dès ses débuts dans la carrière, il donna à ses chefs une haute idée de son intelligence, de sa valeur, de son goût pour son noble métier. Lieutenant en 1823, au 3e régiment de sapeurs, il ne resta que quelques mois dans ce corps, et fut attaché, du 14 juillet 1825 au 16 avril 1828, au service des places d'Arras, Besançon, Belfort et Neuf-Brisack. À cette époque, adjoint au professeur de fortifications à l'École de Metz, il montra dans ces fonctions délicates, une très-grande aptitude et une connaissance réelle de l'art de l'ingénieur militaire. Ses leçons, d'un intérêt toujours croissant, savaient captiver l'attention des élèves, et sa parole vive et colorée ajoutait un charme de plus à ses enseignements. D'autre part, nul ne pouvait rédiger un projet avec autant d'habileté, nul ne possédait mieux que lui la science des constructions. « C'est pour nous un devoir, écrivait « le général baron Pelletier, au ministre de la guerre, de rendre témoi- » gnage de la manière extrêmement distinguée avec laquelle cet officier » a constamment servi pendant son séjour à Metz : en contribuant à « l'instruction de nos jeunes élèves par son zèle et ses connaissances « variées, il a lui-même perfectionné ses talents, et je ne doute pas

« que , dans l'application qu'il va être appelé à en faire , dans la place
« importante de Belfort , il n'attire bientôt l'attention des chefs de son
« arme. »

Capitaine le 1er octobre 1828 , Petit fut envoyé dans cette ville ,
l'un des principaux boulevards de la France , du côté de l'Alle-
magne : située au pied d'un roc fortifié par Vauban , et baignée par la
Savoureuse , elle servit , en 1815 , de quartier-général à l'une des plus
belles gloires militaires de notre province. C'est là, en effet , que Le-
courbe , chargé , par l'empereur, du commandement de l'armée d'ob-
servation du Jura , défendit le terrain , pied à pied , contre l'archiduc
Ferdinand , qui, malgré la supériorité numérique de ses troupes , malgré
l'opiniâtreté de ses attaques , ne put entamer une seule fois les phalanges
de son redoutable adversaire ; mais ce dernier élan du génie et du courage , coûta la vie au général franc-comtois ; il mourut à Belfort , le 3 octobre de la même année.

Pendant son séjour dans cette place , notre jeune capitaine , qui semblait
avoir deviné l'éloge secret qu'avait fait de lui le baron Pelletier, s'acquitta
de ses devoirs de son mieux , souvent avec bonheur , toujours avec dévouement et intelligence. Ce fut, en grande partie , sur ses plans et ses
rapports que le gouvernement donna l'ordre de construire les nouveaux
ouvrages, qui rendent aujourd'hui la ville de Belfort l'une des positions
les plus redoutables de nos frontières. Petit quitta cette résidence en août
1833 : il était nommé aide-de-camp du général Rohaut de Fleury , auquel
le gouvernement venait de confier la direction supérieure des fortifications de Lyon , fortifications que l'on regarde à juste titre comme un
des chefs-d'œuvre de l'art , et qui ont encore accru , s'il est possible ,
la brillante réputation de cet officier-général , l'une des plus grandes
célébrités du corps du génie. Dans l'étude des nombreux et difficiles
projets de ce vaste travail , dans leur exécution , dans les difficultés
sans cesse renaissantes du contentieux , le jeune capitaine déploya un
rare talent , un zèle infatigable , et fit preuve d'une instruction des plus
complètes non-seulement sur toutes les parties du service , mais encore
sur tout ce qui n'y était pas tout-à-fait spécial.

Ce fut dans les communications intimes et continuelles que nécessitaient ces grands travaux, ce fut dans ses conversations avec son illustre chef que notre compatriote étendit la sphère de ses idées et prit rang parmi les officiers les plus capables du corps.

Malgré le peu de moments que lui laissaient ses fonctions, l'aide-de-camp du général de Fleury trouva le temps encore de concourir aux prix d'encouragement qui, en vertu d'une décision du ministre de la guerre, du 24 août 1822, sont offerts aux officiers du génie. Il envoya, en 1833, au comité de son arme, un *Mémoire sur les calculs des voûtes circulaires*, qui fut imprimé dans le n° 12 du *Mémorial de l'officier du génie*, et qui lui valut une médaille en or sur laquelle on lit l'inscription suivante :

PRIX DÉCERNÉ A MATHIEU PETIT, CAPITAINE DU GÉNIE, 1833.
MÉMOIRE SUR LES VOUTES EN BERCEAUX.

« Mon but, dans cet ouvrage, dit-il, n'est pas de traiter de la théorie générale et analytique des voûtes, qui, depuis les travaux de MM. Audry, Navier et Persy, peut être regardée comme complète, mais d'en simplifier et d'en faciliter les applications, qui sont considérées à juste titre comme extrêmement difficiles, à cause des calculs longs et rebutants qu'elles exigent. » Après avoir rappelé en peu de mots les bases de cette théorie, en se limitant à ce qui est nécessaire pour bien faire saisir l'état de la question, l'auteur s'occupe des voûtes qui sont le plus employées, c'est-à-dire des voûtes en plein ceintre, extradossées parallèlement, horizontalement, en chasse, et des voûtes en arcs de cercle dans les trois mêmes cas. Simplifiant ensuite les formules trop compliquées des auteurs précédents, le capitaine Petit donne un moyen facile de continuer les tables des angles de rupture, des poussées, des épaisseurs des pieds-droits, pour les voûtes en plein ceintre, et les tables des poussées pour les voûtes en arcs de cercle, qu'il a établies lui-même pour les cas les plus usuels. Cet ouvrage utile, qui, en abrégeant considérablement les calculs relatifs à la stabilité des voûtes, a rendu un véritable service à l'art et à la pratique, annonçait aussi de la part de son auteur un zèle ardent pour les recherches des applications usuelles des sciences mathématiques.

Lors de la terrible insurrection qui ensanglanta la ville de Lyon, en 1834, le général Rohaut de Fleury fut chargé de la direction supérieure des attaques. Dans ces fatales journées, son aide-de-camp se signala par mille traits d'une haute intelligence militaire et d'une bravoure à toute épreuve. Ce fut lui qui, à la tête de la colonne chargée d'attaquer le faubourg de Vaise par les hauteurs, tourna et enleva les barricades de ce défilé dangereux, et facilita ainsi, par un mouvement combiné, l'attaque directe par la Grande-Rue de Vaise; ce fut lui qui, le lendemain encore, parvint, par son énergie et son élan communicatif, à faire tomber toutes les barricades de la Grande-Côte, en se rendant maître pendant la nuit d'un groupe de maisons sur le flanc de l'insurrection.

Un travail trop assidu ayant gravement altéré sa vue, Petit demanda à son général, peu de jours après ces tristes évènements, l'autorisation de le quitter pendant quelques mois, en le priant avec instance, toutefois, de le reprendre comme aide-de-camp s'il venait à être désigné pour une expédition militaire de quelque importance. Notre compatriote revint en mars 1835 à Besançon, où il épousa Mlle. Henriette Estreyer, fille de l'un des négociants les plus estimés de cette ville, et nièce de deux colonels du génie, d'une grande distinction et d'une grande valeur, MM. le baron Henry et Blanc. Le premier fut tué en Espagne, devant Valence, en 1812, et le second, qui mourut en retraite à Paris il y a peu d'années, contribua puissamment, par une audacieuse innovation dans les travaux du siége de Dantzig, à la prise de cette place importante.

Chargé, pendant qu'il était à Besançon, de travaux d'un haut intérêt, Petit rédigea les projets du fort Chaudanne, et introduisit de précieuses améliorations dans le système de défense de la citadelle.

En 1837, lorsque le gouvernement, encore tout ému des revers que notre armée d'Afrique avait essuyés l'année précédente devant

Constantine, eut décidé qu'une nouvelle expédition serait dirigée contre cette place, ou plutôt contre le bey Achmet, homme brave, entreprenant, mais sanguinaire, ombrageux, et portant jusqu'à l'excès l'amour de l'argent et de la domination ; le général Rohaut de Fleury fut chargé de la direction du génie : dans cette circonstance, il n'oublia point la promesse qu'il avait faite à son ancien aide-de-camp, et se hâta de le rappeler. Tout ce que l'on racontait de la position de Constantine, si bien défendue par la nature et ses vieilles murailles, de son aspect fantastique, des antiquités qu'elle contenait, de son front gigantesque sur le Rummel, et de ses affreux précipices, était de nature à piquer la curiosité d'un simple voyageur, et à plus forte raison, à exciter l'intérêt d'un militaire.

Petit, dont l'élan naturel et l'esprit investigateur n'avaient pas besoin d'être stimulés par autant d'attraits, reçut avec joie sa lettre de départ ; il fut bientôt auprès de son général.

On sait les détails glorieux du siége de Constantine et la bravoure sans égale qu'y montrèrent à l'envi les troupes assiégeantes, et surtout le corps du génie. Sur les cinq officiers de cette arme qui firent tour à tour le service auprès de leur général, notre jeune compatriote revint seul... Homme de résolution et d'énergie, il avait donné pendant toute la durée des opérations, des preuves brillantes de sang-froid et d'intrépidité. Et puis, ce siége de Constantine, l'un des plus beaux faits d'armes dont puisse s'honorer l'armée française, était bien fait aussi pour exalter de jeunes courages. La prise de cette ville était un triomphe d'autant plus éclatant en face de l'Europe, que des militaires de tous les pays avaient sollicité et obtenu l'autorisation de suivre notre expédition et d'en partager les travaux et les dangers.

De retour en France, en présentant notre compatriote au roi Louis-Philippe, son général lui dit : « Sire, des cinq aides-de-camp « que j'avais devant Constantine, voilà le seul que les balles de « l'ennemi aient respecté. Il s'est acquitté de sa tâche avec un ad- « mirable courage. Je demande qu'il soit nommé chef de bataillon « et qu'il devienne mon premier aide-de-camp. » Cette honorable demande ne pouvait manquer d'être accueillie, et, par ordonnance royale en date du 30 mars 1838, Petit, quoique très-jeune capitaine, fut élevé au grade de chef de bataillon du génie.

Depuis lors jusqu'en 1843, cet officier continua près de son général, qui avait bien voulu l'admettre dans le secret de son intimité, cette vie d'étude, cette vie pensive de l'ingénieur, pour laquelle ils avaient l'un et l'autre une passion enthousiaste.

Le général Rohaut de Fleury ayant atteint l'âge de la retraite, et désirant qu'après son départ de Lyon, l'œuvre utile qu'il avait commencée trouvât un continuateur intelligent et sûr, demanda au ministre de la guerre que son ancien aide-de-camp, qui venait d'être promu au grade de lieutenant-colonel, fût chargé, comme directeur du génie, de l'exécution des travaux qui restaient encore à faire pour compléter définitivement un des systèmes de fortifications les mieux combinés et les plus appropriés à la ville qu'il s'agissait de défendre.

Il lui écrivait, le 8 juillet 1843 : « Je sollicite avec la plus vive » instance, le grade de lieutenant-colonel pour M. Petit. C'est un des » officiers les plus distingués du corps. Dans les épreuves les plus » difficiles, à Lyon, en 1834, et à Constantine, il s'est montré » intrépide, dévoué et d'une haute intelligence. Il possède avec une » supériorité incontestée la théorie et la pratique de l'ingénieur. Il » a le caractère le plus élevé. Je répète ici que le corps est inté- » ressé à ce que des hommes pareils soient appelés promptement » dans les hautes positions où toutes leurs éminentes qualités pour- » ront seulement trouver leur application dans l'intérêt du service de » l'État. »

Placé dans ce poste de faveur, à la tête de la première direction de France, Petit justifia le choix que le gouvernement avait fait de lui, et montra, par d'heureuses innovations, ce que l'on pouvait attendre un jour de son talent mûri par l'expérience. Il opéra, en effet, avec la rectitude du coup-d'œil, la netteté, la vigueur d'esprit et d'exécution qui caractérisent un ingénieur habile et consommé.

En 1848, plusieurs directions du génie ayant été supprimées par mesure d'économie, le gouvernement se trouva dans l'impérieuse obligation de replacer les colonels que cette mesure avait atteints. Enlevé au poste de confiance qu'il occupait, le lieutenant-colonel Petit fut envoyé d'abord à Belfort, ensuite à Nantes, où il fit un très-court séjour.

Nommé en juillet 1849, colonel et directeur du génie à Constantine, il partit pour cette destination lointaine, sans avoir eu un seul moment la pensée de réclamer contre l'ordre qu'il avait reçu ; et pourtant, père de trois filles, dont l'aînée n'a pas dix ans, il pouvait faire valoir avec cette raison, d'autres motifs plus sérieux encore pour ne pas quitter la France. Il y avait en lui une volonté si ferme, un esprit de subordination si arrêté, un amour du métier et du devoir porté à un tel excès, que sa famille même n'aurait pas osé lui donner le moindre avis à cet égard.

A peine était-il arrivé à son poste, que le général Herbillon lui fit part de son projet d'expédition contre Zaatcha. C'était dans les premiers jours du mois de septembre. Le directeur du génie de Constantine comprit aussitôt qu'une grande responsabilité allait peser sur lui, que sa coopération devait être la plus active, la plus délicate. Dans les siéges, en effet, chacun le sait, les ingénieurs sont de tous les officiers de l'armée ceux qui jouent le principal rôle, qui sont les plus exposés, et sur lesquels se fixent le plus les regards. Petit savait tout cela ; il savait surtout que l'assaut serait plus ou moins meurtrier, selon que ses combinaisons seraient plus ou moins heureuses ; car il avait toujours présente à l'esprit cette maxime de Vauban : que *la précipitation dans les siéges ne hâte point la prise des places, qu'elle la recule souvent et ensanglante toujours la scène.* Il s'entoura dès-lors de toutes les cartes nécessaires, recueillit de toutes parts des renseignements sur les fortifications du village de Zaatcha, et se mit en route le 24 septembre avec la colonne expéditionnaire, qui se composait de 3,000 hommes. Pendant tout le trajet, qui dura treize jours, notre compatriote se trouva en rapport, non-seulement avec l'état-major, mais encore avec

tous les officiers et tous les corps de cette petite armée. L'étendue de
ses connaissances spéciales, appropriées au but de l'expédition, l'élé-
gance de son esprit aimable et gai, ses formes douces et polies, et
l'aménité de son caractère lui avaient gagné tous les cœurs.

Zaatcha, qui sort comme par enchantement d'un sable aride, res-
semble à une forteresse construite au moyen-âge. Des tours carrées
s'élèvent de distance en distance, qui sont reliées entre elles, sans in-
tervalle, par des maisons toutes crénelées. Un chemin de ronde abrité
par un mur, borde les fossés. Les défenseurs pouvaient donc circuler
facilement à la partie supérieure, par des terrasses; à l'intérieur, par
des communications ouvertes exprès de maison en maison. — Les hos-
tilités commencèrent le lendemain même de l'arrivée des troupes, c'est-
à-dire le 8 octobre. On s'attacha d'abord à isoler Zaatcha des deux
oasis voisines, puis on commença l'attaque de ce village, que les
Arabes, comme on vient de le voir, avaient fortifié d'une manière
formidable. Cette entreprise était entourée encore de difficultés d'un
autre genre. Qu'on se figure, en effet, une forêt de hauts palmiers sous
laquelle est un bois d'oliviers, de cyprès et de figuiers sauvages; puis
une troisième couche de végétation rampante à travers des abricotiers
très-rapprochés les uns des autres: tout cela coupé de canaux d'irri-
gation, parsemé de maisons bâties en briques crues, qui semblent
des monceaux de terre, et partout des murailles autour des jardins.
C'est dans cet inextricable labyrinthe qu'il fallait se guider; c'est cette
forteresse, que la nature a presque rendue inexpugnable, qu'il fallait
emporter. Ayant à surmonter de pareils obstacles, le général Herbillon
dut cheminer avec lenteur et prudence devant un ennemi dès longtemps
préparé à la défense. Des reconnaissances et l'exécution même des
travaux amenèrent, dans les journées des 8 et 9 octobre, des engage-
ments sérieux. Le colonel Petit, en faisant dans la première de ces
deux journées, une reconnaissance approfondie de la place, resta longtemps
exposé à une mousqueterie si vive, que les officiers qui l'entouraient lui
dirent à plusieurs reprises : «Prenez garde, colonel; on vous voit du haut
« des terrasses et des fenêtres, on fait feu sur vous de tous les côtés

« a la fois. » Il répondit à ce sage avertissement par une plaisanterie, et continua son opération avec le même sang-froid et la même intrépidité. Inquiété quelques heures plus tard par une fusillade incessante qui partait de meurtrières pratiquées dans un mur à l'abri duquel se trouvait un gros d'Arabes, le colonel Petit, dans un moment de bouillante impatience, mit l'épée à la main, et s'adressant aux officiers d'une compagnie de sapeurs qu'il avait avec lui : « Allons, messieurs, dit-il, allons chasser ces gaillards-là ! » La compagnie le suivit sous une grêle de balles et escalada le mur avec un incroyable élan ; mais les Arabes, étonnés de tant d'audace, abandonnèrent leur poste et s'enfoncèrent dans le village. Debout le lendemain 9, à cinq heures du matin, le colonel Petit s'apprêtait à aller visiter les travaux d'établissement des batteries, effectués pendant la nuit, lorsque le colonel d'artillerie entra dans sa tente et le pria de l'attendre une demi-heure encore. « Dans une demi-heure, lui répondit-il, mon inspection sera terminée ; » et il sortit au même instant, avec son sapeur d'ordonnance. Arrivé sur les travaux, il les parcourut dans les plus minutieux détails, avec plusieurs officiers et quelques soldats du génie. Cette visite se prolongea jusqu'à sept heures, au moment même où le jour commençait à poindre. On s'aperçut alors que l'on se trouvait à une portée de pistolet des premières maisons, que les Arabes se montraient aux ouvertures, et que la position, à une aussi faible distance, devenait des plus périlleuses. On en prévint le colonel : « Bah ! bah ! dit-il, ces gens-là ne sont pas encore éveillés. » Au même instant un coup de fusil, tiré par un nègre que l'escorte distingua parfaitement, partit d'une des fenêtres les plus voisines, et Petit tomba, l'épaule gauche fracassée. Transporté immédiatement au camp, les chirurgiens trouvèrent la blessure fort grave, et il dut subir le lendemain la terrible opération de la désarticulation de l'épaule. L'emploi du chloroforme, tout en lui dérobant les douleurs du moment, le laissa dans un état que l'imagination ne peut se représenter sans effroi. « Le bras « aussitôt enlevé et le premier appareil posé, l'héroïque officier se fit « placer sur un brancard, et alla, sous le feu de l'ennemi, continuer

» de diriger les travaux du génie : (1) » puis dans sa tente, sur son lit
de douleurs, il se fit rendre compte, chaque jour, des rapports de
ses officiers, et voulut même présider des conférences pour la marche
du siége.

Petit devait guérir de sa blessure, car l'opération qui en avait été
la suite avait réussi au-delà de toute espérance ; mais il était agité sans
cesse par cette noble pensée qu'il fallait prévenir l'effusion du sang, et
par le chagrin qu'il éprouvait de ne pouvoir présider lui-même à
l'exécution de ses ordres. Sa sollicitude était telle que, dans une lettre
qu'il écrivit le 13 octobre à son frère pour lui annoncer la perte de son
bras, il parle à peine de sa blessure et de ses terribles conséquences ;
il ne se préoccupe que des soldats, du courage et de la résolution qu'ils
ont montrés dans les diverses attaques contre Zaatcha. « Ils ont eu, dit-il,
» plus de bravoure, plus d'entraînement, s'il est possible, qu'au siége
» de Constantine, et j'espère que l'on m'annoncera bientôt que tant
» de généreux efforts ont été couronnés d'un plein succès. »

La lenteur forcée des opérations du siége, les coups de fusil qui se
succédaient sans interruption, et qui lui révélaient une lutte sanglante, à laquelle il ne pouvait prendre part, toutes ces circonstances
réunies provoquèrent un malaise général, et causèrent au blessé une
irritation nerveuse, qu'augmentaient encore un siroco brûlant, la pous-
sière ardente qu'il respirait et l'eau saumâtre qu'il avait pour boisson.
Aigri par tant de secousses et de souffrances, son sang s'échauffa à un
si haut degré qu'il eut, le 19, une hémorragie violente qu'on ne put
arrêter, et qui l'affaiblit à un point extrême.

Pour faire cesser un état aussi alarmant, on transporta le colonel à
Biskara, petite ville située sur la lisière du Sahara, et qui était, avant
l'occupation française, le lieu de halte et d'entrepôt pour les cara-
vanes du désert. Ce transport, bien qu'il s'effectuât à travers les
nuées d'Arabes qui harcelaient chaque jour nos convois de vivres et
de munitions, se fit pourtant de la manière la plus heureuse, et pro-
duisit sur le malade un excellent effet.

(1) Moniteur du 29 novembre 1849.

Dégagé des émotions de Zaatcha, mieux soigné peut-être qu'à l'ambulance, Petit alla de mieux en mieux jusqu'au 28 ; il avait même repris sa sérénité d'esprit et son calme habituel : il parlait avec une vive émotion de son retour à Bathna, puis à Constantine, où il avait prévu que deux êtres aimés viendraient à sa rencontre. Mais, hélas ! le 28 au soir, il eut une seconde hémorragie qui l'épuisa complètement ; la faiblesse augmenta d'heure en heure jusqu'au 30 octobre, jour où le délire s'empara de lui pour ne plus le quitter. Il mourut le 2 novembre, à cinq heures du soir, après avoir reçu de M. le curé de Constantine les secours de la religion, qu'il avait lui-même réclamés. A ce moment suprême, un homme seul, agenouillé au chevet de son lit, priait avec ferveur ; c'était le sapeur d'ordonnance du colonel, Nicolas Pierson, qui n'avait pas cessé d'entourer son chef des soins les plus attentifs, les plus délicats, depuis le jour où il avait reçu sa fatale blessure. Que ce brave et digne soldat reçoive ici les témoignages de reconnaissance de la famille et des nombreux amis de son infortuné colonel !

Le lendemain, un cercueil porté par des sapeurs du génie, et suivi de la faible garnison de Biskara et de plusieurs officiers et soldats blessés, s'acheminait lentement vers la frontière du désert, au lieu de sépulture où dormaient déjà d'autres braves. C'était le cercueil de Mathieu Petit : ses frères d'armes allaient lui rendre les derniers honneurs. Chargé de l'éternel adieu, M. de Mirbeck, colonel du 3e régiment de chasseurs d'Afrique, s'avança pâle et incertain, sur le bord de la fosse, mais, au moment de parler, sa voix, étouffée par les sanglots, expira sur ses lèvres, et, pour la première fois peut-être, on vit cette belle et noble figure se couvrir de larmes. L'émotion de ce chef intrépide, dont nous connaissons personnellement le noble caractère, fut telle, qu'il perdit un instant connaissance, et que ses officiers furent obligés de le soutenir pour le ramener à sa tente.

Pendant que ce drame s'accomplissait à plus de 60 lieues de Constantine, madame Petit et son beau-frère Auguste, partis à la première nouvelle de la blessure du colonel, débarquaient à Philippeville : ils n'avaient pas mis pied à terre qu'ils savaient déjà la terrible catastrophe et l'inutilité de leur noble dévouement.

Accablée de douleur, ne pouvant se nourrir que de ses larmes, madame Petit pria son beau-frère d'aller jusqu'à Constantine pour y réclamer le corps de son mari, qu'elle voulait faire ramener au lieu qui l'a vu naître.

Cette douloureuse mission accomplie, le frère et la sœur, pressés de quitter cette terre fatale, se jetèrent à la hâte dans un navire qui appareillait pour Alger, et qui, après avoir erré pendant trois jours sur une mer furieuse, ne put qu'à grand' peine regagner le port d'où il était sorti. Réembarqués sur un bateau à vapeur dont Marseille était la destination, nos voyageurs furent assaillis, peu d'heures après leur départ, par une tempête si horrible, si tenace, que pendant plus de 36 heures, ils restèrent entre la vie et la mort. Enfin, grâce aux efforts réunis de l'équipage et des passagers, on parvint à réparer les avaries, et le bâtiment put continuer sa route.

Ainsi devait passer par les péripéties les plus cruelles, la veuve d'un des hommes les plus distingués et les plus aimés de notre province.

« Notre bon et brave camarade Petit, nous écrit M. Charles Lyautey,
» intendant militaire à Constantine, qui lui aussi a étendu ses soins in-
» telligents sur la colonne expéditionnaire, notre bon et brave cama-
» rade a laissé dans toute la division de Constantine une brillante ré-
» putation de bravoure et de résignation religieuse. Son éloge est dans
» la bouche de tous les officiers, de tous les soldats, et chacun d'eux
» regrette d'avoir vu finir une si belle vie dans une si pauvre occasion. »

Les obsèques du colonel Petit, dont le corps était arrivé l'avant-veille, de Biskara, ont eu lieu à Besançon le 17 janvier, au milieu d'un immense concours de troupes et de citoyens venus de toutes parts pour rendre un dernier hommage à la mémoire du héros. A onze heures, le convoi s'est dirigé vers l'église St.-Jean, entre deux haies de gardes nationaux et de militaires appartenant à tous les corps de la garnison. Le deuil était conduit par le frère du colonel et ses deux beaux-frères, MM. Charles Demandre et Roblin. Les coins du poêle

étaient portés par MM. Crestin d'Oussières, colonel du génie; Bousson,
colonel d'artillerie ; Pàris, colonel de la garde nationale ; et Michaud,
colonel d'état-major. On voyait dans le cortége, le général commandant la division, le préfet du département, la magistrature, les membres du conseil municipal, ayant à leur tète le maire et ses adjoints,
puis les états-majors et les officiers de chaque régiment et les fonction-
naires de toutes les administrations. Les nefs de l'église métropolitaine
étaient encombrées par un nombreux concours d'assistants, et c'est
avec beaucoup de peine que les divers détachements ont pu occuper
les places qui leur étaient destinées.

Après les prières de l'absoute, faite par Mgr. l'archevêque de Besançon, le convoi s'est remis en marche, et le cercueil, escorté par
les troupes et suivi d'un grand nombre de personnes, a été conduit
au cimetière des Chaprais. Deux discours ont été prononcés sur la
tombe du guerrier franc-comtois qui venait de payer de sa vie, son dé-
voûment à la France. Dominant un trouble bien naturel, M. le colonel
d'Oussières, dont le sang aussi a coulé sur la terre Africaine, a rappelé en termes énergiques et chaleureux, au milieu d'une émotion
toujours croissante, les nobles qualités de son compagnon d'armes. Après
lui, M. Convers, maire de Besançon, a rendu un éclatant hommage au
brave militaire, au citoyen distingué que le département du Doubs venait
en quelque sorte d'adopter en lui donnant une sépulture parmi ses enfants
les plus chers et les plus regrettés !... Enfin, les soldats, tristes et si-
lencieux, ont défilé devant la fosse, et pour dernier salut militaire,
ont déchargé leurs armes sur le corps mutilé du valeureux colonel.

Homme d'esprit et de cœur, ami tendre et dévoué, Mathieu Petit
était aussi aimable par son instruction variée, quoique profonde, que
par son caractère piquant et heureux. Dans presque toutes les questions
sérieuses ou légères, sa pensée se montrait toujours pleine de sens et
de raison, et colorée par une imagination vive, impressionnable, qui
lui faisait porter et jeter de l'intérêt sur tout ce qui attirait son attention.

Comme militaire et comme ingénieur, notre compatriote s'est fait
remarquer constamment par un zèle qui ne se refroidissait jamais, par

cette rare alliance d'une grande valeur avec une présence d'esprit et un calme extraordinaires au milieu des dangers, par des talents, enfin, qui l'auraient classé bientôt au premier rang des ingénieurs français, et auxquels il n'a manqué pour se développer dans tout leur éclat, qu'un champ plus vaste et plus brillant. Cet officier supérieur, qui réunissait à l'élan de l'homme de guerre et à une grande influence sur les soldats, l'affection de ses officiers qu'il savait captiver par sa justice et ses formes polies, avait surtout cette qualité précieuse, qu'il était aussi habile ingénieur dans les travaux de la paix que dans ceux de la guerre, et qu'il était non moins remarquable par ses vues et par ses projets, que par sa manière de les mettre à exécution. Aussi, nous pouvons affirmer sans crainte, que la place de notre compatriote était marquée au comité du génie, dont il serait devenu plus tard une des plus vives lumières comme une des plus belles gloires.

Depuis que ces lignes ont été publiées (janvier 1850), nous avons eu sous les yeux un ordre du jour, donné le 19 de ce même mois, par M. le général Charon, gouverneur-général de l'Algérie, dans lequel on lit le passage suivant :

« Dans ma liste de promotion, destinée à consacrer la part qu'ont » prise les différents corps qui ont concouru à cette glorieuse ex- » pédition de Zaatcha, plusieurs noms eussent figuré aux premiers » rangs si la mort ne les eût effacés. Parmi ces noms, le gouverneur » général croit devoir en citer un, celui du chef de l'arme du génie, » M. le colonel Petit ; atteint d'une affreuse blessure, cet officier su- » périeur n'a pas voulu cesser son service, et tant que ses forces » le lui ont permis, il s'est fait rendre compte de l'état des travaux, » pour continuer à les diriger de ses conseils éclairés. Sa mort a été ce » qu'avait été toute sa carrière militaire, déjà longue, un modèle » digne d'être présenté à ses frères d'armes. »

Et plus tard enfin, le président de la République a rendu un décret portant que le village de Millésimo, en Algérie, prendra le nom de PETIT, en souvenir du colonel de ce nom. « Cette mesure, dit M. le » ministre de la guerre, dans sa lettre du 25 juillet dernier, à MM. les

« representants du departement du Doubs, prouvera à la famille que
« le gouvernement sait apprécier les services et la mort glorieuse du
« brave colonel. »

Novembre 1850.

PAROLES

PRONONCÉES PAR M. LE COLONEL D'OUSSIÈRES,

SUR LA TOMBE

DU COLONEL DU GÉNIE PETIT.

Messieurs,

Vous qui avez bien voulu accompagner jusqu'à sa dernière demeure
le colonel Petit, vous savez tous quelle fut sa fin. Eh bien! sa vie entière
fut digne d'une si belle mort.

Sa ville natale n'est point précisément Besançon; mais il y reçut comme
une seconde vie, plus précieuse que la première : il y reçut une éducation
soignée. Ce fut au collége de cette ville qu'il prit ce goût du travail, cet
amour de la science, qui ont si puissamment contribué au bonheur et à
l'honneur de sa vie. Il y puisa pareillement les principes religieux qui se
sont retrouvés si vifs dans son cœur, au moment de paraître devant Dieu.

En 1848, Petit fut admis à l'École polytechnique, où l'on s'occupait
alors beaucoup de sciences et très-peu de politique, parce que les artisans
de nos discordes civiles n'avaient pas encore eu l'infernale pensée d'ex-
ploiter à leur profit les sentiments nobles et généreux d'une jeunesse
studieuse. L'École polytechnique ne fournissait point alors de généraux
improvisés aux bandes révolutionnaires de la capitale. Son rôle, plus
modeste (et plus honorable, suivant moi), était de donner à l'armée française de simples sous-lieutenants d'artillerie et du génie.

Petit choisit l'arme du génie, et je l'en remercie du fond du cœur, parce qu'il honora cette arme par un grand zèle, de grands talents, une probité sévère, mais bien plus encore par une mort glorieuse.

En 1820, il entre à l'École d'application de l'artillerie et du génie. C'était là comme à l'École polytechnique : on y discutait moins les droits de l'homme et du citoyen, mais on y remplissait mieux ses devoirs. Aussi, quelques années après sa sortie, à l'âge où tant de jeunes officiers du génie ont encore un si grand besoin d'étudier la fortification, Petit l'enseignait déjà. Il l'enseignait en qualité d'adjoint d'un professeur célèbre, devenu général du génie, comme il le serait infailliblement devenu lui-même, si la mort ne nous l'eût point enlevé.

De bonne heure il s'était fait connaître par des travaux théoriques très-estimés, en récompense desquels il reçut du ministre de la guerre une médaille d'or, et qui lui valurent l'honneur d'être choisi pour aide-de-camp par le général Rohault de Fleury, l'un des officiers les plus distingués de l'arme du génie.

Messieurs, lorsque je prononce le nom du général Fleury, je m'incline profondément. Je m'incline pour rendre hommage à tout ce que le cœur a de plus noble et de plus chaleureux, le courage de plus brillant et de plus chevaleresque, le patriotisme de plus élevé et de plus pur.

Ce fut en 1833 que Petit se rendit à Lyon près de son général, pour remplacer un aide-de-camp bien-aimé, mort glorieusement en combattant l'insurrection.

L'anarchie n'avait pas été anéantie dans cette grande ville de Lyon. En 1834, elle relève une tête hideuse et menaçante. Il faut cependant en finir avec elle !.. La France et l'armée savent quel immense service leur rendit alors le général de Fleury. Eh bien ! Petit fut digne de son général. Je ne crois pas pouvoir faire de son intrépidité et de son sang-froid un plus magnifique éloge. La croix d'honneur fut donc pour lui une récompense bien méritée.

Ce n'était pas seulement dans l'action que Petit faisait preuve de zèle et de dévouement. Il mettait dans le travail du cabinet une ardeur si grande, qu'en 1835, sa vue, fatiguée à l'excès, le force de prendre du repos et de quitter momentanément son général : séparation cruelle de part et d'autre, adoucie seulement par la promesse mutuelle de se réunir au premier jour du danger, s'il doit en être encore pour la France !

Vous verrez, Messieurs, que cette promesse fut religieusement tenue. En attendant, Petit revient dans son pays natal, et obtient d'être employé à Besançon, où son passage est marqué par les travaux les plus intelligents.

En 1836, il épouse Mlle Estreyer, nièce de deux colonels du génie d'une grande distinction : l'un, le colonel Blanc, qui a laissé de si beaux souvenirs à Malte, à Custrin et en tant d'autres lieux, mais surtout à Dantzig, où, dans l'opération la plus périlleuse du siége, sa brillante valeur excite l'admiration du maréchal Lefebvre; l'autre, le colonel Henry, tué sous les murs de Valence, après s'être couvert de gloire dans sept siéges consécutifs, pleuré par le maréchal Suchet et par toute l'armée d'Aragon, où chaque soldat le connaissait sous le nom du brave Henry.

En 1837, le télégraphe de Lyon annonce au général Fleury qu'il est désigné pour commander le génie au siége de Constantine. Rappeler son ancien aide-de-camp, traverser la mer, se rendre avec lui au poste d'honneur, tout cela fut l'affaire de quelques jours.

Messieurs, je ne connais pas de bravoure plus communicative que celle du général Fleury; l'on éprouve près de lui comme un besoin de verser son sang pour le pays. Aussi perdit-il quatre aides-de-camp à Constantine!... Ceux-là, du moins, ne furent point frappés par des balles françaises !... Le tour de Petit n'était pas encore arrivé; mais il ne fit rien pour le retarder, bien au contraire : aussi, dans le courant de 1838, reçut-il l'épaulette de chef de bataillon, en remplacement de celles de capitaine qu'il portait depuis dix ans.

Rentré en France avec son général, il s'occupe activement des grands travaux de Lyon; et lorsqu'en 1843 le grade de lieutenant-colonel ne lui permet plus de servir comme aide-de-camp, il n'en reste pas moins chargé de ces magnifiques travaux, sous la direction supérieure de son général, en qualité de chef du génie, puis de directeur des fortifications par interim. Son activité, sa capacité sont récompensées en 1846 par la croix d'officier de la Légion d'honneur, et, en 1847, il était le premier colonel à nommer dans l'arme du génie.

Jusqu'ici tout a souri, tout a réussi au colonel Petit; mais en 1848, le vent de l'adversité se lève pour lui comme pour la France entière. À partir de cette époque, il ne compte plus un seul jour de bonheur. Ah! puisse être moins malheureuse la France pour laquelle il mourut!

L'une de ses plus cruelles douleurs fut de voir des Français, indignes de ce nom, démolir une partie des fortifications qu'il avait élevées contre les ennemis du dehors. Sa santé s'altère. Il va la rétablir dans les Pyrénées, et, à son retour, lui, qui remplissait à Lyon les fonctions de colonel, est obligé d'accepter à Belfort celles de commandant du génie, précédemment dévolues à un chef de bataillon. Enfin, le jour de la justice paraît arrive. Il est nommé directeur des fortifications, par interim, à Nantes, puis colonel. Mais à peine est-il installé, qu'il est obligé de partir pour Constantine, laissant en France sa femme et ses trois enfants.

En foulant de nouveau cette terre d'Afrique, en se retrouvant dans cette place de Constantine, où il a vu couler le sang de ses camarades, Petit sent son ardeur redoubler. L'expédition de Zaatcha est résolue. Il veut y commander le génie. Cette expédition ne devait pas avoir d'abord les proportions qu'elle prit ensuite; un officier d'un grade inférieur à celui de colonel pouvait très-bien y commander le génie; mais Petit ne veut céder à personne l'honneur des premiers coups de fusils tirés depuis son débarquement. Le premier assaut de Zaatcha ne réussit point. L'un des officiers du génie placés sous les ordres de Petit est tué; deux autres sont blessés grièvement. Le lendemain, à la pointe du jour, il fait une nouvelle reconnaissance de la place, dont il s'approche jusqu'à portée de pistolet. Une balle lui fracture le bras gauche. La blessure est grave; la désarticulation de l'épaule est jugée nécessaire. Petit supporte cette opération terrible avec une résignation et un calme admirables; puis il veut se faire reporter parmi les combattants, afin de leur donner les conseils de son expérience, partager leurs dangers, et verser peut-être pour son pays les quelques gouttes de sang qui restent dans ses veines! Mais ses forces physiques ne sauraient être à la hauteur de ce courage héroïque. Elles s'épuisent. On le transporté a Biskara, où il meurt, le 2 novembre, à l'âge de 54 ans, après avoir reçu les secours de notre religion divine, et s'être placé sous la haute protection du grand Roi, du grand saint qui, en d'autres temps, mourut sur cette même terre d'Afrique, avec la piété d'un anachorète et le courage d'un grand homme.

Mais de tels sujets sont trop au-dessus de ma voix profane. Je reviens aux misères de ce monde, en vous demandant si ce n'est point par suite d'une lacune dans notre législation militaire, que la veuve d'un officier, mort glorieusement au champ d'honneur, est traitée de la même manière que la veuve d'un officier mourant de vieillesse, au sein de sa famille.

Quoi qu'il en soit, toutes les sympathies des cœurs généreux sont acquises à la noble veuve, qui, dans son dévouement sublime, n'a tenu compte ni de l'excessive faiblesse de sa santé, ni des fatigues et des dangers d'un long voyage. A peine a-t-elle reçu la nouvelle de la blessure de son mari, qu'elle quitte père, mère, enfants, traverse la France, traverse les mers, veut pénétrer jusque dans le désert !..

Dieu n'a pas accordé à l'épouse dévouée la consolation de revoir celui qu'elle voulait sauver; mais il a voulu du moins que la mère pieuse et tendre pût rapporter à ses enfants des restes vénérés !..

Pauvres enfants! vous viendrez souvent prier et pleurer sur la tombe de votre excellent père !.. Nous vous y rencontrerons peut-être....

Citoyens, gardes nationaux, votre présence à cette cérémonie nous touche profondément. Au nom de l'armée d'Afrique, je vous remercie de vos nobles sympathies.

Et vous, braves soldats, vous qui représentez ici vos intrépides camarades de Constantine et de Zaatcha, venez faire à leur digne colonel le dernier salut des armes. Il tressaillira dans son tombeau en recevant votre absoute militaire, le dernier adieu du soldat

PAROLES

PRONONCÉES PAR **M. CONVERS**, MAIRE DE LA VILLE DE BESANÇON,

SUR LA TOMBE DU COLONEL PETIT.

———

Le colonel du génie, Mathieu Petit, a vécu pour son pays..... Il est mort pour son pays.... A ces titres, il appartient à la France entière, et particulièrement à la Franche-Comté, qui lui a donné le jour. Il appartient surtout à Besançon, ville où il a passé sa jeunesse et fait ses premières études; où il s'est marié; où enfin sa dépouille mortelle, pieusement ramenée d'Afrique par les soins d'une épouse, s'est arrêtée pour recevoir sa couche de terre dans le cimetière de la cité.

Déterminé par toutes ces considérations, le conseil municipal, toujours empressé d'honorer la mémoire de ceux des Francs-Comtois qui, s'illustrant dans la carrière des armes, ont fait rejaillir sur le sol natal la gloire attachée à leur nom, a décidé que la ville de Besançon serait représentée aux funérailles du colonel Petit, par une députation du corps municipal, par un nombreux détachement de la garde nationale, par tous ses officiers, et que le maire serait invité à répandre quelques fleurs sur la tombe de l'homme au caractère héroïque, dont la perte a causé d'unanimes regrets, et dont il ne reste plus que le souvenir.

Parmi les fleurs, j'ai choisi les immortelles, pour qu'elles rappellent à jamais ce que fût le colonel Petit, sa vie signalée par de savants et utiles travaux, sa mort, belle parmi les morts glorieuses.

Puisse-t-il maintenant reposer en paix dans cet asile et à cette place d'honneur que la ville lui a décernée; puisse aussi sa famille être soulagée par la pensée qu'il survivra dans le cœur de ses concitoyens, comme un modèle de patriotisme et de dévouement, un noble exemple à suivre et une grande vertu à imiter.

———

DÉLIBÉRATION

DU CONSEIL MUNICIPAL DE LA VILLE DE BESANÇON.

Séance du 14 janvier 1850.

M. le maire expose au conseil que les restes du colonel du génie Petit, mort glorieusement dans l'expédition de Zaatcha, ont été ramenés à Besançon par sa famille, qui se dispose à lui rendre les derniers devoirs, le 17 janvier courant, et qu'il paraît convenable que la ville soit représentée à cette cérémonie funèbre.

Le conseil, considérant que le colonel Petit a été élevé à Besançon, qu'il s'y est allié à une des familles honorables de la cité, et que la ville s'est toujours associée aux regrets de l'armée, et réciproquement, invite M. le maire à commander, dans chaque bataillon de la garde nationale, une compagnie pour rendre les derniers devoirs aux restes mortels du colonel Petit, à assister lui-même à cette cérémonie avec ceux de MM. les membres du conseil municipal qui voudront l'accompagner, et à lui rendre sur sa tombe l'hommage dû à sa carrière honorable et à sa glorieuse fin. Il décide en outre, qu'en témoignage de l'estime que la ville veut garder de sa mémoire, elle donne à sa famille, à perpétuité, la place au cimetière qui doit recevoir sa dépouille mortelle.

Pour extrait conforme

Le maire

C. CONVERS

BESANÇON. IMPRIMERIE DE Vᵉ CH. DEIS.